La ilusión
de
Mandrágoras

René Barrios Avelar

ISBN: 978-0-557-62487-4

Dedicatoria

A Mandrágoras,
Por su capacidad de entender la vida
Más allá de la sensibilidad humana.

Capitulo 1

El padre de Mandrágoras era propietario de una pequeña sastrería. Los remiendos eran la especialidad del taller. Los clientes no pasaban de ser los obreros y "cacheros" de la vecindad.

Del salario de aquel humilde sastre dependían tres miembros de la familia; el padre, la madre y el pequeño Mandrágoras.

Este muchacho quería ser político. Se pasaba las tardes en la esquina del parque, improvisando discursos para los amigos,

- *La libertad de los pueblos tiene su simiente en la libertad personal de sus ciudadanos; un pueblo compuesto de hombres esclavos tendrá como finalidad, la formación de un pueblo esclavo. El trabajo es la herramienta más sagrada con la que cuenta una sociedad para su desarrollo, sin la presencia de este, las sociedades entran en decadencia. Es mediante el aprendizaje de cualquier arte o ciencia, que el hombre define su participación en la sociedad, y es mediante estos principios que se define el futuro de una gran nación. Yo les prometo que, cuando alcance la nominación política que estoy buscando, voy a crear leyes que, con responsabilidad, doten al hombre de libertad, voy a crear trabajos en las diversas industrias, y también voy a desarrollar escuelas técnicas y académicas, para que nuestra patria alcance el potencial social y económico que demanda la mayoría de ciudadanos.*

Muy a pesar de que aquel muchacho era muy pasionario, no lograba transmitir sus ideas a sus amigos, los cuales se aburrían y lo dejaban solo.

Capitulo 2

Un día, Mandrágoras, recibió un sobre sin remitente. Este lo abrió con un poco de sorpresa.

Estimado Mandrágoras, esperando que estos pensamientos te sirvan de mucha ayuda para tu carrera política, me he tomado la libertad de enviártelos para tu propio provecho.

Si después de haberlo leído, todavía te sientes atraído hacia esta profesión, se bienvenido al club de los ilusionistas. Si decides lo contrario, sírvete destruir este documento y haz de cuenta que nunca lo leíste.

Mandrágoras leyó aquellas líneas con una gran ansiedad.

El Manual del Político

La política es un acto de magia.

Es el acto del ilusionista frente a una masa exigente de un acto más elocuente, más increíble, más temerario.

Es el acto de hacer creer a los espectadores lo que solo existe en la mente del ilusionista.

El primer acto del ilusionista es sobre su propia persona; el espectador tiene que creer en la autenticidad del mago.

El ilusionista tiene que tener la capacidad de complacer, mediante la ilusión, las necesidades emocionales del espectador.

Antes de realizar el acto de magia, el ilusionista debe de estar conciente de qué clase de espectadores tiene entre su publico, y de cuales son las necesidades emocionales del espectador.

Todo lo que el ilusionista dice durante una campaña política es con el fin de motivar a la gente a participar de la campaña electoral.

Las promesas políticas durante la campaña son solo la manera sistemática de realizar el acto de magia, es el poder de convencimiento, el cual no dejará nunca de ser una ilusión colectiva.

El ilusionista debe de sonreír siempre, no debe de perder la postura, el buen juicio, la clase, el modelo, la imagen de súper héroe ante la audiencia.

El ilusionista debe de usar ejemplos que se identifiquen con el estado sentimental y emocional de los espectadores, es decir con sus necesidades.

El ilusionista político nunca debe de olvidar que él es simplemente un actor, que el papel a desarrollar lo escriben otros personajes y, sobre todo, que esa obra ilusionista la dirige un grupo de directores metamórficos, muchas veces anónimos, los cuales casi siempre se hacen llamar "la crema", "la cúpula", "la directiva", "el partido", etc.

El ilusionista político debe de estar muy claro con estos principios, para que su duración en escena sea más o menos prolongada.

El ilusionista político tiene que dominar el arte de la mentira.

La mentira y la farsa política son las dos virtudes más grandes de un político.

El cinismo es el escudo contra cualquier ataque frontal.

La hipocresía es el arte de hacer las paces con los conceptos antagónicos.

La corrupción es el arte de sacar provecho de las oportunidades.

La justicia es el arte de hacer sentir a tus enemigos tu presencia.

En política no existe el robo, solo la repartición de bienes.

En política no existen los amigos, solo más ilusionistas.

En política los crímenes solo son errores estadísticos, u obstáculos que vencer.

El ilusionista debe parecer ser altruista, humanista y decente.

El ilusionista tiene que tener la capacidad de poder culpar a sus amigos por sus propios errores, y cuando los errores sean causados por sus enemigos, implicarlos con todo el peso de la ley.

El ilusionista debe de tener aire de ganador aunque los vientos lo señalen como un crónico perdedor.

El ilusionista debe de escuchar a sus enemigos sin ninguna emoción, y de sus amigos debe de aprender a leer sus emociones.

El ilusionista deberá ser práctico y saber simplificar.

El arte de guerrear no es cuando los demás quieran, sino cuando el ilusionista disponga.

El ilusionista no deberá de olvidar nunca que todo lo que hacemos es por amor al dinero.

El ilusionista debe saber explotar el sentimiento de los valores históricos.

El ilusionista no tiene enemigos, solo tiene contendientes.

El ilusionista no esta solo, es solo un cachorro más de la manada

Nunca te lleves nada a la bolsa sin compartirlo con esa manada.

Nunca traiciones el sentir de del Partido, aunque este sea el sentir más entupido del mundo.

En política, nunca ambiciones el puesto de tu jefe, puede costarte la vida.

Nunca pidas una mejora o mayores responsabilidades, deja que el Partido tome la decisión.

Trata de no involucrar a toda tu familia en política, siempre deja una puerta abierta para ti.

No quieras combatir la corrupción, esta solo son privilegios en exceso.

Ve a la iglesia y demuestra que eres un ferviente de la religión.

Se benevolente con la ayuda para los pobres de la iglesia.

Acostúmbrate a pedir perdón con anticipación por el crimen que vas a cometer.

Nunca mates ni robes, deja que otros lo hagan por ti.

Nunca permitas que otro fornique en tu lugar.

Toma tu día de descanso en paz, deja que otros trabajen por ti.

Nunca se te olvide que la política es una farsa, si tú crees que ésta es auténtica, estás en la dimensión incorrecta.

Nunca te ofrezcas a ningún cargo político, siempre es costumbre sacrificar al voluntario.

Nunca se te olvide que en política la protección no son las armas, sino el estar en buena concordia con los que las pueden usar en tu contra.

Nunca contradigas a un estúpido, no les agrada la competencia.

Saluda los símbolos patrios, representan la historia de los vencedores.

Si te toca legislar, nunca se te olvide que Roma sigue siendo Roma.

El ilusionista debe aprender que todo lo que oye es silencio, que todo lo que observa es borroso y que todo lo que toca es amorfo.

El ilusionista nunca debe de olvidar que la política es un acto intransferible.

El ilusionista debe de estar bien informado de lo que está aconteciendo en todo el mundo, incluyendo en su familia.

El ilusionista debe de entender la historia y la geografía, más que la matemática o la biología.

El ilusionista debe saber interpretar la "simbología" de las nuevas generaciones, para que su acto de ilusión no quede fuera de interpretación.

El ilusionista nunca debe confundir el amor por la musa, con la pasión por la masa, el uno ennoblece y el otro envilece.

El ilusionista más elocuente es el que logra convencer a sus enemigos de que él es solo un pobre diablo; y a sus amigos, de que sus enemigos son unos pobres hijos de la guayaba.

No se te olvide que en política no existe el perdón sino el olvido. El aprender a olvidar una afrenta te volverá rentable.

La disciplina es necesaria en la formación del carácter del hombre, pero nunca la que envilece o enloquece.

Si hay que ir a la guerra vota a favor de la guerra, y cuando venga la paz vota a favor de la paz; se siempre flexible. Nunca seas pasionario.

Nunca pretendas dirigir un mundo que ya tiene dueños, alégrate y confórmate con que te permitan estar cerca de ellos.

Nunca pases por alto el hecho de que política es el arte de saber hacer el trabajo, las leyes e incluso la historia, de manera que beneficie a los miembros de la elite en el poder.

Se muy agradecido con los correligionarios que van quedando trucados en el camino. En la vida, eran tu competencia; en la muerte, solo elementos para tu próxima campaña.

Si el líder del movimiento pierde la vida en un atentado, compórtate con la altura de caso, no muestres más dolor del que puede sentir la viuda.

Nunca olvides que la pobreza, el desempleo y el crimen son la más alta propaganda política, sin ellos nuestro mundo estaría vacío.

No te mezcles con personas que piensan diferente a estos pensamientos, ya que podrían contaminarte en el campo de las ideas.

Nunca te asombres cuando por seguir estos lineamientos te griten en tu cara que eres un hijo de la maceta, dales las gracias y continúa practicando la sabiduría del Manual del Político.

El manual del Político es solo una base de principios. Mediante los lleves al campo de la meditación y la implementación, estos irán cobrando vida, ya que fueron creados con un propósito.

Capitulo 3

Mandrágoras había leído durante toda la noche aquellas frases insolubles e indigeribles para su cotidiana manera de pensar. En el fondo de su corazón esperaba poder entender el secreto que guardaban aquellos pensamientos. Estaba conciente de que solo el tiempo le enseñaría el verdadero significado de cada uno de ellos.

La política es un acto de magia.

¿Qué es política?_____
_____
_____

¿Qué significa un acto de magia?_____
_____

_____

¿Qué efecto liga a la política con un acto de magia? _____
_____

_____

Capitulo 4

Es el acto del ilusionista frente a una masa exigente de un acto más elocuente, más increíble, más temerario.

¿Qué es un ilusionista?_____

_____

_____

¿Qué es una masa exigente? _____

_____

_____

¿Qué es un acto más elocuente? _____

_____

_____

¿Qué es un acto más creíble? _____

_____

_____

¿Qué es un acto más temerario? _____

_____

_____

Capitulo 5

Es el acto de hacer creer a los espectadores lo que solo existe en la mente del ilusionista.

¿Qué significa el hecho de hacer creer? _____
_____

¿Qué significa espectadores? _____
_____
_____

¿Qué significa que solo existe en la mente del ilusionista? _____
_____
_____
_____

Capitulo 6

El primer acto del ilusionista es sobre su propia persona; el espectador tiene que creer en la autenticidad del mago.

¿Qué significa que el primer acto del ilusionista sea sobre su propia persona? _____
_____
_____
_____

¿Cómo hacer que el espectador crea en la autenticidad del mago? _____
_____
_____
_____
_____

Capitulo 7

El ilusionista tiene que tener la capacidad de complacer, mediante la ilusión, las necesidades emocionales del espectador.

¿Cúales son las necesidades emocionales del espectador?_____

_____

_____

_____

¿Cómo lograr que el ilusionista pueda complacer al espectador mediante la ilusión? _____

_____

_____

_____

Capitulo 8

Antes de realizar el acto de magia, el ilusionista debe de estar conciente de qué clase de espectadores tiene entre su publico, y de cúales son las necesidades emocionales del espectador.

¿Qué clase de espectadores se encuentran entre su publico?

_____

_____

_____

_____

¿Cúales son las necesidades emocionales del espectador? _____

_____

_____

_____

_____

Capitulo 9

Todo lo que el ilusionista dice durante una campaña política es con el fin de motivar a la gente a participar de la campaña electoral.

¿Qué decir?_____
_____
_____
_____

¿Cómo motivar a la gente participar de la campaña electoral? _____
_____
_____
_____

Capitulo 10

Las promesas políticas durante la campaña son solo la manera sistemática de realizar el acto de magia, es el poder de convencimiento, el cual no dejará nunca de ser una ilusión colectiva.

¿Qué prometer? _____
_____
_____
_____

¿A quiénes prometer? _____
_____
_____
_____

Capitulo 11

`El ilusionista debe de sonreír siempre, no debe de perder la postura, el buen juicio, la clase, el modelo, la imagen de súper héroe ante la audiencia.

¿Cúando sonreír?_____

_____

_____

_____

¿Qué clase de postura adoptar? _____

_____

_____

_____

¿En qué consiste el buen juicio? _____

_____

_____

_____

¿Cúal es el modelo que se debe de proyectar? _____

_____

_____

_____

¿Cúal es la imagen de súper héroe más aceptable? _____

_____

_____

_____

Capitulo 12

El ilusionista debe de usar ejemplos que se identifiquen con el estado sentimental y emocional de los espectadores, es decir con sus necesidades.

¿Cúales son los ejemplos que más se identifican con la audiencia?_____

_____

_____

_____

¿Cómo penetrar el estado sentimental y emocional de la audiencia? _____

_____

_____

_____

Capitulo 13

El ilusionista político nunca debe de olvidar que él es simplemente un actor, que el papel a desarrollar lo escriben otros personajes y, sobre todo, que esa obra ilusionista la dirige un grupo de directores metamórficos, muchas veces anónimos, los cuales casi siempre se hacen llamar "la crema", "la cúpula", "la directiva", "el partido", etc.

¿Qué es un actor?_____
_____
_____
_____

¿Qué role debe de ser representado?_____
_____
_____
_____

¿Cúal es el rol de los directores? _____
_____
_____
_____

Capitulo 14

El ilusionista político debe de estar muy claro con estos principios, para que su duración en escena sea más o menos prolongada.

¿En qué consiste la claridad de estos principios?_____

_____

_____

_____

¿Cúanto tiempo puede prolongarse una escena? _____

_____

_____

_____

Capitulo 15

El ilusionista político tiene que dominar el arte de la mentira.

¿Qué es la mentira? _____
_____
_____
_____

¿Cómo dominar el arte de la mentira? _____
_____
_____
_____

Capitulo 16

La mentira y la farsa política son las dos virtudes más grandes de un político.

¿Cómo utilizar eficientemente las dos virtudes más grandes de un político?

_____

_____

_____

¿Qué es la farsa? _____

_____

_____

_____

¿Cómo la mentira y la farsa se complementan? _____

_____

_____

_____

Capitulo 17

El cinismo es el escudo contra cualquier ataque frontal.

¿Qué es el cinismo? _____

_____

_____

_____

¿Cómo utilizarlo cuando te atacan? _____

_____

_____

_____

Capitulo 18

La hipocresía es el arte de hacer las paces con los conceptos antagónicos.

¿Qué es la hipocresía? _____
_____
_____
_____

¿Cómo hacer las paces con conceptos antagónicos?_____
_____
_____
_____

¿Cómo conservar tu postura con amabilidad? _____
_____
_____
_____

Capitulo 19

La corrupción es el arte de sacar provecho de las oportunidades.

¿Qué son las oportunidades? _____
_____
_____
_____

¿Cómo sacarles provecho? _____
_____
_____
_____

¿Cómo evitar la corrupción? _____
_____
_____
_____

Capitulo 20

La justicia es el arte de hacer sentir a tus enemigos tu presencia.

¿Qué es la justicia? _____

_____

_____

_____

¿Qué es tu presencia? _____

_____

_____

_____

¿En qué consiste el arte de hacer sentir a tus enemigos tu presencia? ____

_____

_____

_____

Capitulo 21

En política no existe el robo, solo la repartición de bienes.

¿Qué significa robo? _____
_____
_____

¿En qué consiste repartir bienes dentro de la política?_____
_____
_____

¿Están los bienes del estado a disponibilidad para sus gobernantes? _____
_____
_____
_____

Capitulo 22

En política no existen los amigos, solo más ilusionistas.

¿Puedo confiar en mis amigos?_____

_____

_____

_____

¿Qué buscan los otros ilusionistas? _____

_____

_____

_____

Capitulo 23

En política, los crímenes solo son errores estadísticos, u obstáculos que vencer.

¿En qué consiste un crimen?_____

_____

_____

_____

¿Cómo se procesan los errores estadísticos?_____

_____

_____

_____

¿Existen obstáculos cotidianos en política?_____

_____

_____

_____

Capitulo 24

El ilusionista debe parecer ser altruista, humanista y decente.

¿Qué significa ser altruista? _____

_____

_____

_____

¿Que es el humanismo? _____

_____

_____

_____

¿Cúal es la finalidad de parecer decente? _____

_____

_____

_____

Capitulo 25

El ilusionista tiene que tener la capacidad de poder culpar a sus amigos por sus propios errores, y cuando los errores sean causados por sus enemigos, implicarlos con todo el peso de la ley.

¿Qué es la capacidad de culpar a otros por tus propios errores?_____

_____

_____

_____

¿Qué clase de errores causan tus enemigos? _____

_____

_____

_____

¿Cómo implicarlos con todo el peso de la ley? _____

_____

_____

_____

Capitulo 26

El ilusionista debe de tener aire de ganador aunque los vientos lo señalen como un crónico perdedor.

¿En qué consiste el hecho de tener un aire de ganador? _____

_____

_____

_____

¿Qué es un crónico perdedor? _____

_____

_____

_____

¿Qué determina el fin de la meta? _____

_____

_____

_____

Capitulo 27

El ilusionista debe de escuchar a sus enemigos sin ninguna emoción, y de sus amigos debe de aprender a leer sus emociones.

¿Qué son las emociones?_____
_____
_____
_____

¿Qué significa no demostrar ninguna emoción? _____
_____
_____
_____

¿Cómo aprender a leer las emociones en los amigos?_____
_____
_____
_____

Capitulo 28

El ilusionista deberá ser práctico y saber simplificar.

¿Qué significa el ser práctico?_____

_____

_____

_____

¿En qué consiste saber simplificar? _____

_____

_____

_____

Capitulo 29

El arte de guerrear no es cuando los demás quieran, sino cuando el ilusionista disponga.

¿Qué es el arte de guerrear? _____

_____

_____

_____

¿Cómo evitar una confrontación innecesaria? _____

_____

_____

_____

¿Cúando acelerar una confrontación voluntaria? _____

_____

_____

_____

Capitulo 30

El ilusionista no deberá de olvidar nunca que todo lo que hacemos es por amor al dinero.

Todo acto de magia tiene un precio, ¿Cúanto cuesta el nuestro? _____

_____

_____

_____

¿Qué es el dinero? _____

_____

_____

_____

Capitulo 31

El ilusionista debe saber explotar el sentimiento de los valores históricos.

¿Qué son los valores históricos? _____

_____

_____

_____

¿Cómo explotar ese sentimiento? _____

_____

_____

_____

Capitulo 32

El ilusionista no tiene enemigos, solo tiene contendientes.

¿Quiénes son enemigos? _____
_____
_____
_____

¿Quiénes son contendientes? _____
_____
_____
_____

Capitulo 33

El ilusionista no está solo, es solo un elemento más del Partido.

¿Cúanto debo pensar en soledad? _____

_____
_____
_____

¿A qué grupo se pertenece?_____

_____
_____
_____

Capitulo 34

Nunca te lleves nada a la bolsa sin compartirlo con ciertos elementos del Partido.

¿Qué significa compartir? _____
_____
_____
_____

¿Con cúales elementos del partido debo de compartir? _____
_____
_____
_____

Capitulo 35

Nunca traiciones el sentir de del Partido, aunque este sea el sentir más entupido del mundo.

¿Qué es la traición? _____
_____
_____
_____

¿Que significa el sentir del Partido? _____
_____
_____
_____

Capitulo 36

En política, nunca ambiciones el puesto de tu jefe, puede costarte la vida.

¿Qué significa ambicionar? _____
_____
_____
_____

¿Qué significa el puesto del jefe? _____
_____
_____
_____

¿Qué puede pasar con tu vida? _____
_____
_____
_____

Capitulo 37

Nunca pidas una mejora o mayores responsabilidades, deja que el Partido tome la decisión.

¿Cúal es la finalidad de pedir? _____

_____
_____
_____

¿Cúal es el fin de saber quién toma las decisiones? _____

_____
_____
_____

Capitulo 38

Trata de no involucrar a toda tu familia en política, siempre deja una puerta abierta para ti.

¿Qué significa involucrar?_____
_____
_____
_____

¿Qué significa el dejar una puerta abierta? _____
_____
_____
_____

Capitulo 39

No quieras combatir la corrupción, esta solo son privilegios en exceso.

¿Qué es la corrupción?_____
_____
_____
_____

¿Qué son los privilegios? _____
_____
_____
_____

¿En qué consiste el exceso? _____
_____
_____

Capitulo 40

Ve a la iglesia y demuestra que eres un ferviente de la religión.

¿Qué es religión?_____

_____
_____
_____

¿Qué significa demostrar ser ferviente? _____

_____
_____
_____

Capitulo 41

Se benevolente con la ayuda para los pobres de la iglesia.

¿Qué es la benevolencia?_____
_____
_____
_____

¿Quiénes son los pobres de tu iglesia? _____
_____
_____
_____

¿Cúanta ayuda debes brindar? _____
_____
_____
_____

Capitulo 42

Acostúmbrate a pedir perdón con anticipación por el crimen que vas a cometer.

¿En qué consiste el proceso de acostumbrarse?_____
_____
_____
_____

¿Qué significa el perdón? _____
_____
_____
_____

¿Qué significa el hecho de adelantarnos a los hechos? _____
_____
_____
_____

¿En qué consiste un crimen político? _____

_____

_____

_____

¿Cúales son las diferencias entre un crimen político y el crimen de un político? _____

_____

_____

Capitulo 43

Nunca mates ni robes, deja que otros lo hagan por ti.

¿Por qué guardar la ley? _____
_____
_____
_____

¿Por qué permitir que otros hagan el trabajo criminal? _____
_____
_____
_____

Capitulo 44

Nunca permitas que otro fornique en tu lugar.

¿Qué es la fornicación? _____
_____
_____

¿Que significa tu lugar? _____
_____
_____

¿Cuan definido esta tu carácter para implementar tus propias reglas? ___
_____
_____

Capitulo 45

Toma tu día de descanso en paz, deja que otros trabajen por ti.

¿Que significa un día de descanso? _____
_____
_____
_____

¿Que significa que otros trabajen para ti? _____
_____
_____
_____

Capitulo 46

Nunca se te olvide que la política es una farsa, si tú crees que ésta es auténtica, estás en la dimensión incorrecta.

¿Qué es una farsa política? _____

_____

_____

_____

¿Qué es una política autentica? _____

_____

_____

_____

Capitulo 47

Nunca te ofrezcas a ningún cargo político, siempre es costumbre sacrificar al voluntario.

¿Qué es la modestia? _____

_____

_____

_____

¿Qué significa gozar de un cargo político? _____

_____

_____

_____

¿Por qué se sacrifica al voluntario? _____

_____

_____

_____

Capitulo 48

Nunca se te olvide que en política la protección no son las armas, sino el estar en buena concordia con los que las pueden usar en tu contra.

¿Que es protección? _____

_____

_____

_____

¿Que es concordia? _____

_____

_____

_____

Capitulo 49

Nunca contradigas a un ilusionista estúpido, no les agrada la competencia.

¿Qué significa nunca? _____
_____
_____

¿Qué significa no contradecir? _____
_____
_____

¿Qué es un ilusionista entupido? _____
_____
_____

¿Cúal es el riesgo de competir con ellos?_____
_____
_____

Capitulo 50

Saluda los símbolos patrios, representan la historia de los vencedores.

¿Qué significa un saludo patrio? _____

_____

_____

¿Qué son los símbolos patrios? _____

_____

_____

¿Cúal es la parte más resaltante de la historia? _____

_____

_____

¿Quiénes son los vencedores?_____

_____

_____

Capitulo 51

Si te toca legislar, nunca se te olvide que Roma sigue siendo Roma.

¿Qué es el arte de legislar? _____
_____
_____

¿Qué es Roma? _____
_____
_____

¿Cúal continúa siendo su influencia en nuestros días? _____
_____
_____

Capitulo 52

El ilusionista debe aprender que todo lo que oye es silencio, que todo lo que observa es borroso y que todo lo que toca es amorfo.

¿Qué significa que todo lo que oye es silencio? _____

_____

_____

_____

¿Qué significa que todo lo que observa es borroso? _____

_____

_____

_____

¿Qué significa que todo lo que toca es amorfo? _____

_____

_____

_____

Capitulo 53

El ilusionista nunca debe de olvidar que la política es un acto intransferible.

¿Qué significa intransferible? _____

_____
_____
_____
_____

Capitulo 54

El ilusionista debe de estar bien informado de lo que está aconteciendo en todo el mundo, incluyendo en su familia.

¿Que significa estar informado de los acontecimientos en el mundo? __

_____

_____

_____

_____

¿Cómo debe informarse acerca de su familia? _____

_____

_____

_____

_____

Capitulo 55

El ilusionista debe de entender la historia y la geografía, más que la matemática o la biología.

¿Que significado tiene la historia para un político? _____

_____

_____

_____

_____

¿Que significado tiene la geografía para un político? _____

_____

_____

_____

_____

Capitulo 56

El ilusionista debe saber interpretar la "simbología" de las nuevas generaciones, para que su acto de ilusión no quede fuera de interpretación.

¿Qué significa el saber interpretar? _____

_____

_____

¿Qué significa simbología? _____

_____

_____

¿Cúando se define una nueva generación? _____

_____

_____

¿En qué consiste la conexión entre dos generaciones? _____

_____

_____

Capitulo 57

El ilusionista nunca debe confundir el amor por la musa, con la pasión por la masa, el uno ennoblece y el otro envilece.

¿Qué es el amor?_____

¿Qué es la pasión? _____

¿Qué significa la musa? _____

¿Qué significa la masa? _____

¿Por qué la musa ennoblece? _____

¿Por qué la masa envilece? _____

Capitulo 58

El ilusionista más elocuente es el que logra convencer a sus enemigos de que él es solo un pobre diablo; y a sus amigos, de que sus enemigos son unos pobres hijos de la mala vida.

¿En qué consiste el poder de convencimiento? _____
_____
_____

¿Por qué este ilusionista es solo un pobre diablo? _____
_____
_____

¿Por qué los contrarios son unos pobres diablos? _____
_____
_____

Capitulo 59

No se te olvide que en política no existe el perdón sino el olvido. El aprender a olvidar una afrenta te volverá rentable.

¿Qué significa el perdón? _____

_____

_____

¿Qué significa el olvido? _____

_____

_____

¿Qué significa el hecho de ser rentable? _____

_____

_____

Capitulo 60

La disciplina es necesaria en la formación del carácter del hombre, pero nunca la que envilece o enloquece.

¿Qué es la disciplina? _____

_____

_____

¿Qué es la formación del carácter? _____

_____

_____

¿Qué es la vileza o la locura en el proceso de la disciplina? _____

_____

_____

Capitulo 61

Si hay que ir a la guerra vota a favor de la guerra, y cuando venga la paz vota a favor de la paz; se siempre flexible. Nunca seas pasionario.

¿Qué significa ser flexible? _____

_____

_____

¿Qué significa no ser pasionario? _____

_____

_____

Capitulo 62

Nunca pretendas dirigir un mundo que ya tiene dueños, alégrate y confórmate con que te permitan estar cerca de ellos.

¿Qué significa pretensión? _____

_____

¿Qué significa el poder de dirección? _____

_____

¿Quiénes son los dueños del mundo? _____

_____

¿Qué significa el hecho de estar cerca de ellos? _____

_____

Capitulo 63

Nunca pases por alto el hecho de que política es el arte de saber hacer el trabajo que se te ha encomendado de tal manera que, las leyes e incluso la historia, deben de girar en beneficio global hacia los miembros de la elite en el poder.

¿Cúal es el trabajo que se te ha encomendado? _____

_____

¿Cómo se escriben las leyes? _____

_____

¿Cómo se escribe la historia? _____

_____

¿Cómo se interpreta o reinterpreta la historia?_____

Capitulo 64

Se muy agradecido con los correligionarios que van quedando trucados en el camino. En la vida, era tu competencia; en la muerte, solo elementos para tu próxima campaña.

¿Qué es un correligionario? _____

_____

_____

¿Cómo era tu competencia en vida? _____

_____

_____

¿Cómo es tu elemento de campaña después de muerto? _____

_____

_____

Capitulo 65

Si el líder del movimiento pierde la vida en un atentado, compórtate con la altura de caso, no muestres más dolor del que puede sentir la viuda.

¿Quién es el líder del movimiento? _____

_____

_____

¿Quién atentó contra su vida? _____

_____

_____

¿Por qué debes de moderar tu dolor en semejante pérdida humana? _____

_____

_____

Capitulo 66

Nunca olvides que la pobreza, el desempleo y el crimen son la más alta propaganda política, sin ellos eliminaríamos nuestra razón de existir.

¿Qué es la pobreza? _____

_____

¿Qué es el desempleo? _____

_____

¿Qué es el crimen? _____

_____

¿Qué significa la mas alta propaganda política? _____

_____

Capitulo 67

No te mezcles con personas que piensan diferente a estos pensamientos, ya que podrían contaminarte en el campo de las ideas.

¿Qué significa contaminación? _____

_____

¿Qué significa el campo de la ideas? _____

_____

Capitulo 68

Nunca te asombres cuando por seguir estos lineamientos te griten en tu cara que eres un hijo de la mala vida, dales las gracias y continúa practicando la sabiduría del Manual del Político.

¿Qué es un hijo de la mala vida? _____

_____

¿Qué significa el hecho de darles las gracias? _____

_____

¿Qué significa practicar la sabiduría? _____

_____

¿Qué es el manual del político? _____

_____

Capitulo 69

<u>**Notas**</u>

_____
_____
_____
_____
_____
_____
_____
_____
_____
_____
_____
_____
_____

Al final de esta mística experiencia,

La Ilusión de Mandrágoras representará tus propios actos de Magia.

Recuerda, nada esta escrito todavía…

El escenario es tuyo…

www.ingramcontent.com/pod-product-compliance
Lightning Source LLC
Chambersburg PA
CBHW030916180526
45163CB00004B/1861